Paroles d'Anges

Photo : archives de l'auteur

36 110 Bouges le Château

Dépôt légal : 4e trimestre 2003
ISBN : 2-911876-03-2

PAROLES D'ANGES

recueillies

par

Nicole Dhuin

Éditions du 7
36110 Bouges le Château

Ces quelques « Paroles » sont extraites des nombreux messages reçus par Nicole Dhuin depuis octobre 1995. Les Anges au travers d'elle ont choisi de parler un langage simple, accessible à tous, afin de nous aider à mieux vivre notre expérience terrestre.

L'éditeur

A comme…

Anges

N'oubliez jamais que Nous, les Anges, sommes à vos côtés quelles que soient les circonstances de votre vie. C'est souvent lorsque vous vous croyez abandonnés que vous avez la surprise de Nous découvrir à vos côtés. Nous y sommes en permanence, mais c'est vous qui ne savez ni Nous écouter ni reconnaître Nos signes. Vous n'êtes jamais seuls. Nous vous aimons et vous aidons quelle que soit votre soi-disant indignité.

Anges

N'oubliez jamais que Nous, les Anges, sommes à vos côtés quelles que soient les circonstances de votre vie. C'est souvent lorsque vous vous croyez abandonnés que vous avez la surprise de Nous découvrir à vos côtés. Nous y sommes en permanence, mais c'est vous qui ne savez ni Nous écouter ni reconnaître Nos signes. Vous n'êtes jamais seuls. Nous vous aimons et vous aidons quelle que soit votre soi-disant indignité.

Anges

Nous sommes en permanence à vos côtés et Nous percevons tout de vous, mais ce n'est que lorsque vous avez fait le ménage dans votre esprit que Nous pouvons facilement capter vos questions, vos demandes et y répondre. Et ce n'est d'ailleurs que dans le calme que vous pouvez vous-même Nous capter et voir les signes que Nous mettons sur votre route.

Anges

Nous ne sommes pas à vos côtés pour régler tout votre travail évolutif. Nous sommes là pour vous aider et il Nous est beaucoup plus facile de le faire lorsque vous élevez vos pensées vers Nous. Vous êtes sur terre pour faire un grand travail d'évolution et ce travail ne peut être fait par personne d'autre que vous-même.

Anges

Devenir conscient de la présence des Anges à vos côtés vous aide à mieux vivre, et peu à peu, lorsque vous apprenez à voir les signes, vous ne vous étonnez plus de tous ceux que Nous vous adressons pour faire reconnaître Notre influence. Nous sommes là pour vous guider de signe en signe et vous amener à découvrir par vous-même ce qui vous est destiné.

Anges

Nous ne sommes pas là pour vous dire de faire ceci ou cela, mais Nous sommes en permanence à vos côtés pour mettre sur votre chemin des repères, des balises qui vous montrent que vous êtes sur la bonne route. Sachez analyser les coïncidences, les rencontres que vous y trouvez. Nous ne sommes à vos côtés que pour vous aider à vous ouvrir les yeux et à agir avec votre propre discernement, c'est-à-dire votre propre ressenti.

Anges

Notre rôle est de vous aider à gravir les échelons de la spiritualité et Nous le faisons dans le respect de votre niveau, car Nous connaissons votre réelle constitution physique, psychique ou émotionnelle. Si vous éprouvez des manifestations qui vous perturbent, c'est que vous voulez aller plus vite que la musique. Nos messages apportent toujours l'espoir et ne sont jamais là pour vous faire culpabiliser ou pour vous donner le cafard.

Anges

Nos pouvoirs sont infinis, mais il faut que vous en soyez absolument convaincus. Nous pouvons tout, mais Nous ne pouvons agir que lorsque vous êtes intimement convaincus de ce fait. Nous sommes toujours à vos côtés dans les moments difficiles et c'est souvent dans ceux-ci que vous pensez que Nous vous avons abandonnés.

Anges

Peu importe de connaître le nom de votre Ange Gardien ou de votre Guide, puisque de toutes façons, Ils sont toujours à vos côtés et ne vous abandonnent pas. Savoir que Nous sommes là pour vous guider et vous aider est une chose, l'avoir souvent vécu et intégré dans vos cellules sont deux choses différentes.

Abondance

Dieu est Amour. Dieu est Abondance. L'un ne va pas sans l'autre. Vous vous souhaitez l'amour, mais vous n'osez pas souhaiter l'abondance. C'est un reste des enseignements chrétiens mal compris. L'abondance est nécessaire et indispensable afin de travailler dans la Joie et transmettre l'Amour. Non pas l'abondance à enfermer dans des coffres ou des greniers, mais l'abondance qui se renouvelle sans cesse.

Abondance

Vous avez besoin de comprendre et d'admettre que la vie spirituelle n'entraîne pas ipso facto une vie matérielle limitée et étriquée. Vous ne serez jamais vraiment des êtres évolués spirituellement que lorsque vous connaîtrez l'Abondance et la Joie. Ne croyez pas que votre abondance enlève quoi que ce soit à votre voisin. Les ressources de l'Univers sont infinies.

Acceptation

Lorsque vous arrivez à chasser vos peurs et à accepter totalement ce que vous êtes, c'est-à-dire lorsque vous acceptez toutes vos qualités, vos potentialités, alors la Vie coule toute douce, tout facilement pour vous. Vous accepter tel que vous êtes dans l'instant où vous êtes et accepter l'autre tel qu'il est, est la clef du vrai bonheur.

Acceptation

Acceptez complètement les conditions de votre vie présente comme le prix à payer pour arriver à une vie nouvelle et vous verrez qu'ensuite tout ira mieux. Il y a toujours une raison lorsque vous vous trouvez dans une situation donnée. L'acceptation de ce qui est, est souvent le plus grand des guérisseurs.

Acceptation

Réfléchissez à ce qui ne va pas dans votre vie et changez-le. Si vous ne pouvez le changer, alors acceptez-le. Accepter, voir les choses sous un angle plus positif vous aide à supporter et à admettre ce qui vous semblait insupportable. L'acceptation allège le fardeau et, vous le savez, tous les événements de votre vie sont là pour vous faire évoluer. Votre libre arbitre consiste en la façon dont vous acceptez ce que vous présente la Vie.

Acceptation

La vie n'est faite que de signes. Chercher à les voir, à les interpréter est une chose. En comprendre tout à fait le mécanisme est impossible dans l'état actuel de votre évolution et c'est lorsque vous arrêtez de vouloir tout analyser, tout décortiquer pour seulement accepter ce qui est, c'est-à-dire ce qui Est, que votre vie change dans le sens du positif.

Agressivité

Ce que vous nommez agressivité et méchanceté ne sont en réalité que des manifestations de la peur. Souvenez-vous toujours que celui qui vous agresse a encore beaucoup plus peur que vous.

Âme-Sœur

Lorsque vous avez rencontré votre âme-sœur, vous êtes tellement nourri par ce sentiment puissant d'amour que vous n'éprouvez plus le besoin de faire l'amour, car l'amour est dans vos fibres et vous êtes devenus amour. Ce qui ne veut pas dire que les relations sexuelles sont devenues inutiles, mais lorsque vous en avez, elles sont d'une dimension tout à fait spirituelle.

Amour

L'Amour, le vrai, c'est la main tendue, c'est le sourire donné sans espoir de retour. L'Amour, le vrai, ne compte pas et ne cherche pas à voir s'il a atteint son but. L'Amour, le vrai, tel l'eau, s'infiltre partout et passe dans le moindre interstice de vos cellules. L'Amour, le vrai, est irrésistible et rien ni personne ne peut y résister et pourtant c'est souvent le sentiment qui vous fait le plus peur.

Amour

L'Amour vrai est fait de compassion, de tendresse, d'attention à l'autre tout en respectant sa liberté, son indépendance et son propre chemin d'évolution. L'Amour véritable et la Compassion deviennent faciles à pratiquer et à prodiguer lorsque vous avez compris que Dieu, que l'Énergie Divine est partout, aussi bien dans votre voisin que dans le maître spirituel ou dans l'assassin.

Amour

Dans l'Amour vrai, il n'y a nulle possessivité, nulle jalousie. C'est un sentiment qui vous transporte complètement et vous permet de vous dépasser. C'est une véritable fontaine de jouvence. L'Amour vrai est liberté, il est tolérance, il est respect de l'autre. Il est ce sentiment qui vous pousse à aider l'autre à se réaliser. C'est un véritable chemin d'évolution qui n'est pas toujours facile à réaliser.

Amour

Vous n'avez pas compris la vraie dimension de l'Amour. Vous vous laissez entraîner par vos pulsions et par l'illusion de l'Amour qu'est l'attrait physique et instinctif des êtres en bonne santé. L'Amour entre deux êtres se construit peu à peu et l'Amour physique devrait être le couronnement d'une harmonie du cœur et de l'esprit. Vous faites souvent les choses à l'envers en commençant par ce qui devrait être un aboutissement.

Amour

L'Amour vrai entre deux êtres est ce sentiment merveilleux qui vous gonfle le cœur chaque fois que l'être aimé apparaît, ce sentiment qui vous le fait trouver le plus beau et qui vous fait trouver la vie belle. Cet Amour respecte le territoire de l'autre. Il lui laisse toute liberté car il a entièrement confiance en lui. L'Amour vrai, ce n'est pas asservir l'autre. L'Amour vrai est échange. L'Amour vrai est douceur et tendresse.

Amour

Le véritable Amour n'est pas du tout ce que vous montrent actuellement les films sur vos écrans. L'Amour entre deux êtres n'est fiable et durable que lorsqu'il montre une certaine retenue. Il n'est jamais bon de tomber dans les bras l'un de l'autre dès la première rencontre. L'Amour, même s'il existe parfois dès le premier regard, ne peut être durable qu'après un certain temps de mise à l'épreuve. L'Amour se construit chaque jour.

Amour

Apprenez à devenir indépendant. L'Amour peut vous perdre autant qu'une drogue. Tout au moins ce sentiment que vous appelez faussement Amour. L'Amour, le vrai, n'est pas dépendance. L'Amour, le vrai, n'est pas souffrance. L'Amour vrai est don, certes, mais dans la li-berté. Votre Amour ne doit pas étouffer l'autre. Chacun doit garder liberté, autonomie et parcourir son propre chemin. C'est cela le véritable Amour.

Amour

L'Amour est le sentiment dont on parle le plus, mais c'est en fait celui que vous connaissez le plus mal. Aimer, ce n'est pas une simple affaire de rêverie. L'Amour, le vrai, est Force, Respect, Autorité. L'Amour vrai est Désintéressement. L'Amour vrai n'attend rien en retour.

L'Amour rend beau.
L'Amour rend jeune.
L'Amour redonne la santé.

L'Amour vous donne des ailes.
L'Amour est le meilleur lifting.

Amour

L'Amour n'est pas mièvrerie et faiblesse. L'Amour est fermeté et autorité. L'Amour n'est pas tout accepter, c'est-à-dire se laisser piétiner. L'Amour nécessite discernement. C'est un sentiment fort que vous ne pouvez expérimenter que lorsque vous ne le cherchez plus. Lorsque vous êtes en manque d'Amour, vous êtes prêt à toutes les compromissions et vous vous comportez sans respect de vous-même pour en obtenir.

Amour

Vous êtes des handicapés de l'Amour, car depuis des générations certains hommes d'église ont tout fait pour dénaturer ce merveilleux sentiment. Vous êtes tous des malades de l'Amour, car la plupart du temps vous avez dans votre enfance et même plus tard manqué de ce que Nous appelons Amour vrai et ainsi vous ne savez comment vous comporter dans la vie courante.

Amour

Vous mélangez Amour avec besoin d'être aimé. Vous êtes tous des frustrés de l'Amour et revenez sur terre pour réapprendre ce qu'est le véritable Amour. L'Amour est une relation d'échange et si l'un donne plus que l'autre, la relation ne peut être durable, sauf si l'un des deux partenaires a une vocation de victime.

Amour

Vous n'avez pas compris que l'Amour, le vrai, ne peut arriver à vous tant que vous ne vous aimez pas. Vous voudriez être aimé alors que vous ne vous aimez pas vous-même. Vous aimeriez recevoir alors que vous vous croyez inapte et indigne de recevoir. C'est la seule raison à vos échecs sentimentaux. Vous aimer et intégrer que vous méritez d'être aimé est la seule recette pour obtenir une vie sentimentale stable et heureuse.

Amour

L'Amour fou, irraisonné, brûle comme feu de paille. L'Amour profond et serein est le véritable Amour. Le premier est appel des sens. Le second est appel du cœur, reconnaissance de l'âme. L'Amour passion n'est pas le véritable Amour et celui-ci, vous ne pouvez le recevoir tant que vous n'avez pas appris à vous aimer. Mais les chagrins d'Amour sont des épreuves pour vous apprendre à grandir, à condition que vous vouliez grandir.

Amour

Ce que vous appelez Amour n'est qu'un pâle reflet de l'Amour véritable. L'Amour vrai, celui qui réunit deux âmes-sœurs résiste à tous les aléas, à toutes les vicissitudes quotidiennes. L'Amour vrai se mesure aux petits faits de la vie quotidienne et non aux grandes déclarations qui s'avèrent souvent factices. L'Amour vrai résiste au silence et à l'éloignement. L'Amour véritable n'a pas besoin de preuves. Il est, un point, c'est tout.

Amour

Aimer n'implique en aucun cas être faible. Aimer, au contraire, c'est avoir une main de fer dans un gant de velours. Aimer ne veut pas dire tout accepter. Sous ce que vous nommez Amour, se cache souvent une grande peur, celle de ne plus être aimé si vous témoignez de la fermeté. Il est souvent plus difficile de dire non que de se laisser piétiner. Or la vie est un juste dosage entre tous les éléments qui la composent.

Amour

L'Amour vrai est désir de voir l'autre heureux, même sans vous.
L'Amour vrai est désintéressé.
Il ne piétine pas l'autre pour obtenir ce qu'il désire.
L'Amour vrai n'a pas besoin de paroles.
L'Amour vrai entraîne la tolérance qui est l'une des qualités primordiales pour mener une vie harmonieuse, tant en couple qu'en société.
L'Amour vrai se contente d'être.

Apparence

Nous sommes seuls capables de voir où vous en êtes exactement sur le chemin de votre évolution. Chaque jour, à partir du moment où vous êtes devenus conscients de la nécessité d'une évolution, vous avancez sur ce chemin. Ce qui vous semble stagnation ou rechute n'est qu'apparence, car les cœurs purs ne peuvent reculer. Ceux qui retardent leur évolution sont ceux qui se laissent enfermer par la jalousie, l'envie ou l'orgueil.

Approbation

Ne cherchez pas à savoir si telles ou telles de vos actions peuvent être ou ne pas être interprétées selon la manière dont vous les avez faites, car vous ne devez pas chercher l'approbation de vos proches. La véritable et seule approbation de vos actes est à trouver en vous-même.

Argent

Penser que l'argent n'a pas d'importance ne permet pas de voir réussir ses projets. L'argent est indispensable. Il faut seulement le considérer comme une énergie nécessaire pour mener à bien vos projets. Vous devez être le maître de cet argent. Il ne doit pas être votre maître. L'argent est une énergie qui doit circuler. Avoir de l'argent n'est pas bon si vous désirez l'amasser. En avoir permet de le redistribuer. Sans lui, vous ne pouvez rien faire.

Argent

Il n'y a pas de bon ou de mauvais argent. Il y a seulement une énergie qui sert à réaliser des projets. Obtenir de l'argent en volant, trafiquant, exploitant, n'est pas obtenir du mauvais argent, mais seulement l'obtenir de mauvaise façon. L'argent est une énergie indispensable et vous l'attirez ou le repoussez par le seul pouvoir de votre pensée. La plus grande peur qui soit, celle qui fait marcher le monde, est la peur d'en manquer.

Au-Delà

Il y a une Autre Dimension qui n'est pas si éloignée de vous que vous ne le pensez. Cet Au-Delà dont vous parlez n'est pas à des milliers de kilomètres de vous. Vous y vivez déjà sans le savoir, car nos mondes s'interpénètrent. Seules les fréquences vibratoires sont différentes et en quelque sorte, Nous pouvons dire que Nous vivons parmi vous.

B

comme…

Blocage

Lorsque vous démarrez sur le chemin de la spiritualité, vous pensez souvent que tous vos problèmes vont être résolus instantanément. Cela est virtuellement possible, mais c'est compter sans vos blocages, ceux créés en cette vie comme ceux venant de vos vies passées, les uns découlant d'ailleurs souvent des autres.

Bonheur

Les grandes lignes de votre destin sont tracées, mais vous avez en votre pouvoir la façon de le vivre et vous pouvez décider de le vivre avec plus ou moins de bonheur. Nous vous y aidons toujours, malgré les difficultés et les retards dûs la plupart du temps à vos propres défaillances, insuffisances et doutes. Peu importent les chemins détournés utilisés pour arriver au but, vous y arriverez toujours. Acquérir la confiance en soi est la clef du bonheur.

Bonheur

Souvenez-vous que vous ne pouvez faire le bonheur de ceux qui ne veulent pas être heureux. On ne peut donner à boire à un âne qui n'a pas soif. De même, chercher le bonheur dans l'autre est une grande erreur. C'est lorsque vous avez trouvé le bonheur en vous-même que vous pouvez être heureux avec une autre personne. Vous êtes tous en manque d'amour or celui-ci et le bonheur ne peuvent arriver que lorsque vous vous aimez suffisamment.

Bonté

Bonté ne veut pas dire faiblesse. C'est même tout l'opposé. La bonté ne peut s'accompagner que de fermeté, d'autorité et de justice. L'une ne va pas sans les autres. On peut être bon, pas assez bon, mais jamais trop bon. Ce dernier terme pourrait être remplacé par lâcheté.

C

comme…

Changement

Votre mental est si futé qu'il vous fait trouver de bonnes mauvaises raisons pour ne pas changer. Vous voulez bien changer, mais juste lorsque et quand cela vous arrange. À l'idée que vous n'allez peut-être pas gouverner ce changement, vous êtes pris de vertige et vous n'avez qu'une idée, reculer le moment de sauter dans le vide.

Changement

Vous ne pouvez changer vos proches et moins proches, car les êtres ne changent que s'ils le désirent. Penchez-vous d'abord sur votre propre changement, car vous n'attirez que ce que vous méritez. Admettre que vous avez tous votre propre chemin et vos propres expériences à faire est le premier pas de la sagesse et n'oubliez jamais qu'il y a un Plan Divin que vous ignorez.

Chemin

Il vous faut abandonner tout désir de transformation de l'autre. Celui-ci a son propre chemin et s'il n'est pas prêt à changer, tous vos efforts pour le changer resteront vains. C'est un exercice très difficile pour des cœurs de femmes, celles-ci ayant toujours plus envie que les hommes de sauver, d'aider ceux qu'elles aiment. C'est le propre de l'amour féminin, de l'amour maternel.

Chemin

Le chemin entrepris ne peut être mauvais si vous faites attention à chacun de vos pas. Il y a parfois des chemins de traverse, mais ils vous ramènent toujours à la grande route. N'oubliez pas que, lorsque vous n'arrivez pas à prendre une décision par vous-même, les événements extérieurs vous obligent à la prendre lorsque c'est la juste décision.

Chemin

Vous avez tous sur cette Terre choisi les conditions les meilleures pour avancer sur votre chemin d'évolution. Vous ne pouvez réellement y avancer tant que vous vous révoltez et n'acceptez pas ce que justement vous êtes venus y vivre. Et ce chemin ne passe pas par de grands discours, mais seulement par la réalisation des petits actes de la vie quotidienne.

Cheminement

Le cheminement spirituel n'est pas une compétition. Vous arriverez tous là où vous devez aller et un cheminement lent vous permet plus sûrement d'arriver au but. Trop de précipitation amène souvent retard, du fait des trébuchements et des chutes possibles. Patience et Persévérance sont les qualités fondamentales de celui qui parcourt le chemin de la Vie.

Compassion

La Compassion, c'est l'amour désintéressé, c'est l'amour sans recherche de retour, c'est la compréhension des faiblesses, des difficultés de l'autre sans aucune trace de jugement. C'est l'aide que vous apportez sans jamais vouloir l'imposer. La compassion n'est pas pitié. La compassion nourrit celui qui la reçoit, la pitié le blesse. La pitié maintient l'autre dans un état d'infériorité alors que par la compassion vous le mettez à votre niveau.

Compassion

La vraie Compassion n'est pas ce que vous croyez. La vraie Compassion, c'est un regard, un sourire, un élan du cœur, pas forcément un grand discours. La vraie Compassion, c'est aussi dans l'action que vous la rencontrez. C'est dans l'action que vous pouvez évoluer. C'est en incarnant la spiritualité dans votre vie de chaque jour que vous serez sur le bon chemin.

Compassion

La vraie compassion ne consiste pas à prendre le fardeau des autres, car quelques fois l'aide que vous apportez n'est pas réellement une aide, puisqu'elle les empêche de prendre les décisions indispensables à leur propre évolution. Vous les maintenez dans un état infantile, alors qu'il leur est demandé de grandir, c'est-à-dire de devenir adultes.

Compréhension

La compréhension intellectuelle n'a jamais fait avancer les choses dans le domaine spirituel. Seule la compréhension du cœur peut apporter la paix et la sérénité. Dans l'état de votre évolution, vous ne pourrez jamais comprendre exactement ce qu'implique le concept connu sous le nom de Dieu. Il vous est plus ou moins donné de l'appréhender, mais aucun humain ne saura le définir avec exactitude.

Compréhension

Le travail de connaissance et de compréhension de vos comportements est nécessaire mais ne restez pas trop longtemps à regarder au fond de vous-même sans agir. C'est l'action qui amène l'expérience, donc permet d'avancer sur le chemin de votre propre évolution. Lorsque vous vous apercevez que vous faites toujours les mêmes erreurs, alors vous êtes sur la voie qui vous permet de passer à la compréhension de l'expérience suivante.

Confiance

Lorsque vous vivez dans la Confiance, vous connaissez le calme et le bonheur. Mais dès qu'apparaît le doute, création de votre mental, vous connaissez chagrins et peurs. Le doute n'est pas constructif, mais complètement destructeur. À vous de savoir si vous désirez vivre dans l'espoir, c'est-à-dire la Lumière, ou la peur, c'est-à-dire l'Enfer.

Confiance

La Confiance absolue est ce qu'il vous est demandé de travailler, mais c'est pour vous tous le plus difficile à faire et pourtant avec cette Confiance en Nous et en vous, votre vie peut changer du jour au lendemain et dans le sens du mieux-être. Lorsque vous avez la Confiance absolue, Nous vous aidons à diriger chaque instant de votre vie. Alors vous connaissez calme et sérénité, c'est-à-dire le bonheur.

Confiance

La Confiance est l'une des principales vertus à cultiver. Pas la confiance en n'importe qui ou n'importe quoi, mais la Confiance en Nous, vos guides, est quelque chose de primordial et même d'indispensable. La Confiance en Nous, c'est-à-dire aussi en vous, en vos capacités, en votre force, en votre utilité sur Terre.

Confiance

Nous vous demandons une foi sans faille, une confiance de tous les instants. Lorsque vous avez atteint cet état, il n'existe plus aucune peur. Vous êtes comme un lac parfaitement calme. Soyez donc confiants en Nous. Soyez sûrs que Nous ne vous abandonnons jamais. Nous avons besoin de vous comme vous avez besoin de Nous. Nos destins sont liés et l'avenir de l'Univers en dépend.

Connaissance

La connaissance intellectuelle des vérités spirituelles n'est jamais suffisante. Lorsque vous laissez libre cours à votre vraie nature, vous savez que tout se trouve en vous et que Dieu ne se trouve pas dans les livres. Ceux-ci vous ouvrent le chemin, mais il faut savoir les abandonner. La connaissance intellectuelle empêche souvent l'intégration des enseignements, c'est-à-dire la Connaissance du cœur.

Connaissance

Arrêtez de croire que tout sera un jour expliqué. Vous en êtes encore loin et c'est la connaissance intuitive qui donne accès à la Connaissance. Arrêtez de vouloir tout décortiquer et vous verrez comme les choses sont simples. Personne ne pourra jamais vous expliquer ce que vous nommez l'Inexplicable. Accepter que vous ne pouvez tout savoir est un grand pas sur le chemin de la sagesse.

Couple

Les romans à l'eau de rose vous font croire que la vie à deux est une route sans épines. Elle est en fait le meilleur terrain sur votre chemin d'évolution. La vie à deux, la vie de couple est une voie d'accès au Divin. Elle est l'art de développer sa personnalité et son autonomie au travers de l'autre et grâce au regard de l'autre. Rien n'est plus encourageant que de lire ses progrès dans le regard de l'être aimé.

Couple

Une relation de couple ne peut s'améliorer qu'à condition d'avoir deux partenaires adultes et responsables. Lorsque seul, l'un des deux est conscient des choses à améliorer, il est fort probable qu'à plus ou moins brève échéance, celui-ci se lasse. Cette situation peut toutefois durer longtemps si celui-ci pense que l'on peut changer l'autre malgré lui.

Cristaux

Le règne minéral est le premier apparu sur terre. C'est lui qui, en premier, est sorti du magma initial et, de ce fait, il garde en mémoire l'Énergie elle-même. Les cristaux sont des manifestations parfaites de la volonté de l'Énergie et gardent en eux la mémoire de cette force que vous pouvez appeler Dieu. Les cristaux ont la capacité de tout engranger en eux, le meilleur comme le pire : ce sont des amplificateurs de vos propres pensées.

Culpabilité

Souvent votre conscience amplifie ce qu'elle aurait dû faire et qu'elle n'a pas fait. Personne ne vous a jamais dit que vous faites les choses avec la connaissance qui est la vôtre au moment de vos actes. Il est très difficile de vous libérer de la culpabilité, pourtant vous ne pouvez changer ce qui est fait. Ce qui est, Est. Arrêtez de ressasser, arrêtez de « ruminer », et vous serez sur la voie de la sagesse.

Culpabilité

La culpabilité ne sert à rien. Vous n'êtes coupables de rien. Seule votre ignorance vous fait agir. Par contre, malheur à vous, si vous refusez de vous ouvrir à la connaissance lorsqu'elle se présente à vous. Et n'oubliez pas que, lorsque vous êtes dans la voie juste, tout se met en place facilement, à condition justement que vous soyez certain de mériter ce que vous demandez et de ne ressentir aucune culpabilité.

Culpabilité

Il est grandement temps pour tous de vous regarder avec des yeux lavés de toute cette culpabilité que vos églises y ont fait entrer. Cela vous met dans un sentiment de dévalorisation qui vous empêche de faire votre vrai travail, c'est-à-dire votre évolution. Vous êtes responsables, mais non coupables, puisque chaque jour vous ne faites que ce que vous êtes capables de faire. Oubliez le mea culpa, mea culpa, mea maxima culpa.

D

comme…

Destin

Le destin est ce que vous avez librement choisi avec votre Guide lorsque vous vous êtes incarné sur cette Terre. Il ne sert à rien de le refuser. Cette attitude ne peut apporter que désagréments, désillusions et chagrins alors qu'accepter votre destin apporte Joie, Bonheur et Sérénité. Tant que vous ne faites pas ce pourquoi vous êtes sur cette Terre, les choses ne tournent pas rond, ni dans votre tête, ni dans votre vie.

Destin

Nous ne voulons pas influer sur votre destin et sur les décisions que vous êtes seul à devoir prendre. Nous vous guidons de façon plus subtile en mettant signes et indices sur votre chemin. Au fur et à mesure de votre éveil, en devenant plus conscients, ceux-ci vous semblent de plus en plus nombreux, ce qui n'est pas. C'est vous qui les remarquez de plus en plus.

Dévalorisation

Arrêtez de vouloir établir des échelles de valeur et fuyez ceux qui vous font culpabiliser en vous faisant remarquer votre soi-disant pusillanimité. Vous êtes tous et toutes des Enfants du Père et vous ne devez en aucun cas vous dévaloriser. N'oubliez pas que votre premier devoir est un devoir envers vous-même. Il vous faut d'abord vous guérir en apprenant à vous aimer et en arrêtant de vous dévaloriser.

Dieu

Vous ne serez jamais Dieu, mais vous êtes des manifestations de Dieu, au même titre que vos Frères les Arbres, que votre Mère la Terre ou que votre Père le Soleil. Démontrer par *a* + *b* ce qu'est Dieu est du domaine de l'impossible. C'est pourquoi ce sont souvent les plus humbles et les plus petits d'entre vous qui sont le plus près de Lui. La compréhension intellectuelle est souvent un handicap dans l'approche du Divin.

Discernement

Faites toujours fonctionner votre discernement. N'acceptez rien qui ne résonne en votre for intérieur. N'acceptez rien sans vérifier que cela vous convient. Chaque fois que de votre plexus sort un « non » catégorique, vous devez comprendre que c'est une idée qui ne vous convient pas. Ne cherchez pas à savoir si elle est bonne ou mauvaise, il s'agit seulement d'une expérience qui n'est pas pour vous dans l'instant présent.

Discernement

Posez-vous des questions, mais posez-vous les bonnes, et n'oubliez jamais votre discernement. Si vous n'êtes pas sûrs d'une décision à prendre, attendez dans le calme et la Vie se chargera de vous indiquer le chemin à prendre.

Soyez persévérants.
Soyez patients.
Soyez sereins.

Nous sommes avec vous, Nous, vos Anges Gardiens.

Discernement

Nous ne vous dirons jamais « faites ceci » ou « faites cela ». Nous pouvons seulement vous conseiller, mais non vous diriger, car il vous faut toujours faire fonctionner votre discernement et votre libre arbitre. C'est ce pourquoi vous êtes sur Terre. Lorsque vous faites une découverte et que vous voulez en tester la justesse, il est toujours mis sur votre route, si vous êtes un chercheur de bonne volonté, un indice qui confirme votre découverte.

Discernement

Nous vous demandons de bien comprendre le fonctionnement des êtres que vous côtoyez, et Nous vous demandons de toujours les aimer et de leur donner beaucoup de compassion. Ils font ce qu'ils peuvent avec leurs propres moyens. Soyez toujours dans l'énergie de l'Amour et de la Compassion et non dans celle de la critique. Jauger celui ou celle que vous rencontrez est indispensable, mais ne jugez pas. C'est un exercice de Discernement.

Divinité

Comment voulez-vous que les autres et en particulier vos proches vous aiment, si vous ne vous aimez pas vous-même ? Pourquoi ne pas vous aimer alors que vous êtes l'œuvre de votre Créateur et que sa Divinité se cache en vous ? Nous pouvons dire que c'est le seul et le plus grand péché du monde. Apprenez à vous aimer et vous verrez le monde changer autour de vous.

Divinité

Il vous faut admettre que ne pas vous aimer, c'est croire qu'il puisse y avoir une parcelle de divinité qui ne soit pas digne d'être aimée. Ne pas vous aimer, c'est refuser la part divine qui est en vous. Vous aimer, c'est admettre que vous avez une part importante et nécessaire à jouer dans le bon déroulement du Plan Divin. Ne pas s'aimer est en quelque sorte un crime. Ne pas s'aimer, c'est faire un affront à ce Dieu qui se cache en vous.

Divinité

Beaucoup d'entre vous croient ne pouvoir gagner leur paradis qu'en s'oubliant et en ne pensant qu'aux autres. N'oubliez jamais que votre premier devoir en venant sur cette terre, est un devoir d'amour envers vous-même et en particulier envers ce corps qui est le temple de votre propre divinité. Ne pas le prendre en compte, ne pas s'en occuper est un grand péché.

Doute

N'oubliez pas que Nous pouvons tout, mais il faut Nous confier vos problèmes et que vous chassiez tout doute de votre esprit. Ne pas douter de Nous, Nous permet de vous aider. Le doute empêche toute action de se réaliser. Le doute n'est pas constructif. La confiance en Nous, la Foi fait seule les miracles. Douter de Nous, c'est douter de votre propre créativité et de votre capacité à devenir les dieux créateurs que vous êtes en puissance.

Émotion

La vie n'est qu'émotion et sans émotion, elle serait bien fade. La seule chose qui vous est demandée et conseillée est de ne pas vous attacher à vos émotions. Il faut juste les laisser passer en les reconnaissant. Juste dire que cette situation ou cette personne déclenche en vous de la colère, de la jalousie ou tout autre sentiment. Il faut vous regarder avec un œil qui ne s'implique pas dans la situation.

Energie

Il vous faut admettre que nulle énergie n'est avilissante. L'argent est une énergie. La sexualité est une énergie et l'énergie d'Amour est la plus belle qui soit. Nulle création de Celui qui a tout créé ne peut être bonne ou mauvaise. C'est l'usage que vous en faites qui la rend bonne ou mauvaise.

Enfant

Le rôle des parents est d'être, à partir d'un certain moment, des spectateurs attentifs, certes, mais impuissants. Vos enfants doivent vivre les expériences qui doivent être les leurs pour évoluer en ce monde. Si vous avez confiance dans leurs ressources, si vous n'arrêtez pas de leur souhaiter les meilleures conditions pour leur évolution et si vous Nous les confiez, rien de dramatique ne peut leur arriver.

Enfant

Au lieu de s'inquiéter, les parents devraient faire confiance à leurs enfants. Craindre pour l'avenir de ses enfants, c'est ne pas faire confiance au Plan Divin. La plupart des parents voudraient que leurs enfants sachent déterminer leur avenir alors qu'ils sont en période de construction de leur corps. Ils voudraient qu'ils assurent tout en même temps et soient plus parfaits qu'eux-mêmes.

Enfant

Aucune mère ne peut éviter à ses enfants les peines de la vie. Qu'elle se souvienne qu'ils l'ont choisie comme terrain d'expérience et d'apprentissage pour leur chemin d'évolution. Nulle mère ne peut empêcher ses enfants de faire leurs propres expériences. Les vôtres ne peuvent servir ni à vos voisins, ni à votre progéniture.

Enfant

Il est normal qu'une mère s'inquiète pour ses enfants tant qu'elle ne les a pas remis entre Nos mains. Si vous aviez entièrement confiance dans le bon déroulement du Plan Divin, vous ne vous inquiéteriez pas pour l'avenir de vos enfants. Vous feriez seulement ce que vous devez faire pour eux, c'est-à-dire leur apprendre qu'eux aussi doivent avoir une entière confiance dans la Volonté Divine.

Enfant

La plus grande preuve d'amour qu'une mère puisse donner à son enfant est de le pousser hors du nid. On n'a jamais crié à la cruauté lorsque les parents oiseaux poussent leurs petits hors du nid, car c'est pour eux la seule façon d'apprendre à voler. Il en est de même pour les humains. Le véritable amour est de leur laisser faire leurs expériences. Le véritable amour consiste juste en une écoute attentive et uniquement lorsqu'elle est demandée.

Enfer

Vous avez une fausse notion de l'Enfer. Ce n'est pas ce lieu lointain opposé au Paradis. Ce n'est pas non plus, comme certains philosophes le disent, dans les autres que vous le trouvez. L'Enfer est en vous-même et en ce mental que vous avez tant de mal à calmer. Vivre sur terre, en Enfer ou au Paradis, est votre propre choix.

Envie

Seuls les ignorants peuvent envier leur voisin. Lorsque vous enviez votre voisin, vous ignorez la plupart du temps ses soucis et ses peines. Celui qui paraît le plus heureux des hommes peut très bien vivre une peine secrète ou des tourments inavoués. Vous croyez votre voisin plus heureux que vous et souvent vous ne savez pas quel drame se cache derrière son sourire. L'envie est le défaut le plus stupide.

Équilibre

Il vous faut comprendre que l'être humain ne peut véritablement être équilibré s'il n'a pas intégré la nécessité d'une vie spirituelle à côté d'une vie matérielle. L'une ne va pas sans l'autre. Il vous faut développer vos qualités terrestres et spirituelles. Il est aussi dommageable pour votre évolution de ne pas vous intéresser aux choses matérielles que de ne pas vous occuper du spirituel.

Être

Arrêtez de vous poser mille et une questions. Choisissez d'appeler votre Guide, votre Ange Gardien, Marie, Jésus ou Bouddha, qu'importe. Nous sommes Tous à l'écoute des cœurs purs et sincères. Nous vous demandons seulement d'Être et cela sans aucune compromission. Dans la voie spirituelle, il ne peut être question d'avoir le beurre et l'argent du beurre. Il vous est demandé de faire des choix.

Être

Être soi est la chose la plus difficile qui soit à une époque où les médias sont là pour vous faire entrer tous dans le même moule. Votre rôle est important, là où vous vous trouvez, car dans un contexte professionnel aussi inhumain soit-il, il y a toujours possibilité de rester humain et de réagir non pas avec violence, mais en restant soi-même.

Éveil

Il est plus agréable de vous retrouver entre personnes vibrant sur la même longueur d'onde, mais comment voulez-vous arriver à éveiller vos semblables si vous ne côtoyez que ceux qui sont déjà éveillés ? Cette attitude de rejet et de mépris est celle de ceux qui n'ont encore rien compris au rôle qu'ils sont venus jouer sur cette terre. Ne pas supporter les vibrations des autres est la preuve que l'on a encore beaucoup de chemin à parcourir.

Éveil

Nous le répétons, si vous ne vivez qu'entre êtres éveillés, vous n'éveillerez personne. C'est souvent par l'exemple, même sans aucune parole, que vous pouvez y arriver. Soyez vous-même sans chercher de résultats sur les autres. Vous ne savez jamais où les petites graines vont lever. Les petits éveilleurs ont souvent plus de mérite à nos yeux que ceux qui se croient en haut de l'échelle de la spiritualité.

Éveil

Les véritables éveilleurs sont ceux qui ont la simplicité d'admettre leurs faiblesses et de montrer leurs propres difficultés. C'est au travers de celles-ci qu'ils peuvent montrer à leurs semblables le Chemin à prendre. Nul sur terre n'est parfait, même celui qui a reçu l'Illumination. Celui-ci est seulement complètement conscient de l'existence du Divin en chaque chose et en chaque être. Être éveillé n'est rien de plus compliqué.

Évolution

Votre évolution se fait jour après jour, expérience après expérience. Chaque expérience est là pour vous faire comprendre un trait de votre caractère, une façon dont vous réagissez et donc pour vous faire grandir. Chaque événement a sa raison d'être et n'est en fait provoqué que par votre propre façon d'être. Lorsqu'une épreuve vous arrive, c'est toujours une occasion d'avancer sur le chemin de l'évolution. À vous de savoir la saisir ou non.

Évolution

Il n'y a pas de classement ni de niveau dans l'évolution spirituelle. Tant que vous êtes sur la Terre, ne cherchez pas à savoir où vous en êtes, car c'est encore vouloir faire des comparaisons avec vos semblables. Nous seuls pouvons savoir où vous en êtes et vous n'aurez la juste notion de votre éveil qu'en passant dans Notre Dimension. Chacun de vous a sa propre vitesse, et désirer que l'autre aille à la vôtre risque de l'essouffler.

Évolution

Évoluer, c'est sortir peu à peu de l'enfance. C'est marcher seul, sans béquilles, sans filet apparent, mais aussi avec l'infinie certitude que vous avez un Père qui vous regarde dans l'Invisible et ne vous laissera jamais tomber. Ce qui vous rend les choses difficiles, c'est la croyance en un Père lointain et invisible alors qu'Il est si proche et partout.

Évolution

Vous avez, en vous incarnant, choisi de vivre la vie qui est la vôtre et vous avez tous une mission à accomplir sur cette Terre : d'abord et avant tout, accomplir votre évolution. Celle-ci ne passe pas forcément par des actions d'éclat, mais dans les actes de tous les jours, dans vos rapports avec vos proches et moins proches. La seule façon d'aider l'humanité à évoluer est d'y rester immergé.

Évolution

L'évolution est un travail sans fin et sans commencement, du moins à votre échelle. Chaque jour vous rapproche de cette Lumière dont vous venez et dont vous vous souvenez chaque jour un peu plus. Votre but en cette vie est de trouver Paix, Joie et Sérénité quelles que soient les circonstances extérieures. Un acquis important est de vous voir agir, d'analyser vos réactions comme s'il s'agissait d'une autre personne, et tout cela, avec beaucoup d'humour.

Expérience

Dans la vie, tout est expérience, mais il ne faudrait pas que vous viviez toujours la même expérience comme si vous étiez un vieux disque rayé. Lorsqu'une expérience est comprise, acceptez avec plaisir l'expérience suivante. Mais Nous reconnaissons qu'il est beaucoup plus facile de retomber dans les mêmes expériences car alors vous restez en terrain connu et vous êtes très nombreux à ne pas aimer vous aventurer en terrain nouveau.

Expérience

Toute décision vous entraîne dans une expérience qui, par définition, est quelque chose que vous devez vivre. Ce n'est ni bon, ni mauvais. C'est juste une chose que vous deviez vivre pour votre évolution. N'ayez jamais peur de retarder celle-ci en prenant une décision. C'est en ne prenant pas de décision que vous la retardez. Rien ni personne n'est à blâmer. Tout est expérience sur votre chemin d'évolution. Vous êtes toujours votre propre juge.

Expérience

Lorsque les choses ne se mettent pas facilement en place, attendez ou faites vite marche arrière. Il y a une raison aux grains de sable qui se mettent dans les rouages. Même si vous ne trouvez pas immédiatement cette raison, faites-Nous confiance et n'essayez pas de forcer. Chaque événement est une expérience. Et c'est en ne cherchant rien, que les choses arrivent.

F

comme…

Faiblesse

Le négatif ou le positif, le bien ou le mal, c'est vous qui le créez. Nous, Nous ne parlons que d'expériences. Tout ce que vous vivez est expérience sur votre chemin d'évolution. Et Nous utilisons le mot faiblesse plutôt que défaut, car il n'y a véritablement ni bien, ni mal, uniquement des états, des façons d'être, plus ou moins développés suivant les individus.

Femme

Prendre la charge des autres en plus de la sienne propre n'a jamais déchargé qui que ce soit. S'occuper de soi est une nécessité absolue et première. Souvent les femmes se laissent aveugler par ce qu'elles croient être une caractéristique de l'amour, c'est-à-dire la nécessité lorsque vous aimez, de prendre le baluchon des autres, comme si le vôtre n'était pas suffisant.

Femme

La femme qui veut retenir un homme ne doit pas être une enfant qui joue à la femme. La véritable féminité ne se révèle pas à force de caprices. Être femme, véritablement femme, c'est être soi, être juste au moment juste. C'est faire marcher son intuition. C'est admettre l'homme en tant qu'égal et ne pas voir en lui le père ou l'enfant.

Foi

Ce que Jésus, Bouddha et d'autres ont fait, vous pouvez le faire. Dieu n'est pas seulement dans ces hommes d'exception. Il est en vous et vous pouvez Le manifester. Seul votre manque de Foi, c'est-à-dire de confiance en vous, vous empêche de faire ce qu'ils ont fait. N'oubliez pas la part de divin en vous qui fait que vous êtes co-créateurs de votre vie.

Fuite

Le choix d'une voie spirituelle ne doit pas être une fuite devant les difficultés de la vie courante. N'oubliez pas que votre esprit est incarné dans un corps qu'il ne faut pas négliger. Votre corps est le temple de votre esprit et privilégier l'un par rapport à l'autre est une fuite devant les réalités qui vous dérangent. N'oubliez jamais que c'est vous qui avez choisi l'incarnation. La Vie vous demande de vivre dans la vie ordinaire et de ne pas vous marginaliser.

Fuite

Pour beaucoup d'êtres humains, se tourner vers la spiritualité est un refuge, une fuite devant les réalités terrestres et matérielles de la vie quotidienne. La fuite devant les difficultés, qu'elles soient d'ordre professionnel ou familial, n'a jamais rien résolu, car ces mêmes difficultés vont réapparaître sur votre route. Les acteurs et les lieux seront différents mais le scénario de fond sera toujours le même.

G comme…

Gratitude

N'oubliez jamais la gratitude, pas seulement lorsque vous avez reçu quelque chose d'agréable, mais gratitude envers tout : le bon, l'agréable, mais aussi ce que vous considérez comme mauvais, alors que ce n'est qu'expérience pour votre évolution. Gratitude pour la Nature qui vous entoure. Gratitude pour vos proches, ceux qui vous aiment et les autres. Gratitude pour ceux que vous qualifiez de « cons », car ils vous aident à évoluer.

Guérison

Votre meilleur guérisseur étant vous-même, quel que soit le traitement choisi, c'est à votre propre pensée que vous devez vous attacher. N'introduisez jamais de doute en votre esprit. Nous savons que ce n'est pas toujours facile, car vous vivez dans un entourage qui envisage toujours plus facilement les résultats négatifs que la possibilité de ce que Nous appellerons « miracles ».

Guérison

Pourquoi toujours chercher des moyens extérieurs alors que le pouvoir de guérison est en vous ? Nous ne vous disons pas de fuir la médecine, loin de là, mais courir de thérapeute en thérapeute ne sert à rien. C'est mettre un cautère sur une jambe de bois. Beaucoup de malades disent vouloir guérir, mais en fait ils veulent rester dans cet état qui leur apporte, croient-ils, amour et attention. En fait, ils ne reçoivent que pitié et compassion.

Guide

Les guides sont autour de vous. Votre voisin peut être votre guide. Votre maître est celui qui vous fait évoluer. Il y a des maîtres partout et vous ne savez pas les voir. En acceptant le présent, vous êtes obligés de vous rendre compte que la Vie met toujours sur votre route les personnes nécessaires à votre évolution. Lorsque votre Guide sait que vous êtes prêt, Il se manifeste à vous de sorte que vous n'ayez aucun doute. Votre vrai Guide est en vous.

H

comme…

Haine

Vos médias font chaque jour état de nombreuses perversions. Elles sont là pour vous apprendre à ne pas vous laisser emporter par la haine. Votre société va créer ainsi de plus en plus de ce que l'on peut appeler des « monstres » et il va vous être demandé de faire montre de compassion et non de haine. Ne pas témoigner de haine à ces pervers, ainsi d'ailleurs qu'à ceux qui ne vous ont pas aimé, est déjà un acte d'amour.

Harmonie

L'harmonie intérieure est au prix de sacrifices parfois douloureux, mais ceux-ci deviennent plus faciles lorsque vous Nous confiez vos peines et vos tracas. De plus, faire un chemin spirituel ne doit pas vous entraîner à abandonner toute coquetterie et toute élégance. Bien au contraire, il devrait vous entraîner à plus d'harmonie et de recherche dans votre présentation, car le dehors reflète le dedans.

Hasard

Rien de ce que vous vivez n'est hasard et la Vie se sert souvent de coïncidences surprenantes pour vous faire ouvrir l'œil et remarquer qu'il semble y avoir un fil conducteur invisible à votre destinée. Le but de votre vie est d'évoluer et pour cela vous avez choisi votre pays, votre race, votre famille. Vous avez choisi toutes ces conditions avec votre Guide. Rien n'a été laissé au hasard, puisque tout est dans le Plan Divin.

Hésitation

La clarté dans le but, sans aucune compromission, telle est la principale obligation pour réussir votre chemin d'évolution. Il vous faut très exactement savoir ce que vous désirez pour pouvoir l'obtenir. Tant que vous tirez à hue et à dia, l'Énergie ne sait pas où Elle peut passer et les manifestations merveilleuses de Celle-ci ne peuvent avoir lieu. Vous devez oser. La valse hésitation n'apporte aucun résultat tangible.

Humanité

Aider l'humanité ne veut pas forcément dire faire de l'humanitaire ou tout changer dans sa vie. Souvenez-vous que là où vous êtes, dans vos milieux professionnels, quels qu'ils soient, vous avez beaucoup plus l'occasion d'œuvrer à ouvrir les consciences. Vous avez tous un rôle à jouer. Ne pas reconnaître sa propre valeur, c'est refuser la divinité qui est en soi et c'est un crime contre vous-même. C'est souvent de la fausse humilité.

Humilité

Le but de vos différents passages terrestres est de vous amener tous à communiquer avec Notre Dimension. Actuellement, il y a accélération du processus et vous êtes de plus en plus nombreux à entrer en communication avec Nous. Seulement la nature humaine est ainsi faite que beaucoup de ceux qui voient leur changement de vibration, se croient aussitôt arrivés au sommet de l'échelle de l'évolution et perdent toute humilité.

Humour

L'humour vrai a toujours aidé les individus à mieux vivre. Fréquenter des gens gais est aussi une thérapie indispensable. Fuir les gens à problèmes n'est pas de l'égoïsme, mais souvent question de survie. Il faut être parfaitement structuré pour supporter impunément le poids des soucis et des maux des autres.

I

comme…

Impatience

Surtout ne vous impatientez pas. Chaque chose arrive au moment opportun. Vouloir forcer le destin n'amène qu'à retarder les circonstances favorables, mais attendre sans rien faire ne les favorise pas. Vous voudriez que tout soit réglé en un tour de main, alors que vous avez la vie entière pour régler les problèmes que vous êtes venus comprendre en cette incarnation. L'impatience est mauvaise conseillère et la patience, récompensée.

Incarnation

Vous avez tout en vous pour gagner votre incarnation comme pour la perdre. Il vous faut admettre que vous êtes faibles et admettre vos défauts est aussi un grand pas sur la voie de la sérénité. Vouloir devenir parfait du jour au lendemain est avoir un orgueil démesuré. Nous ne vous demandons pas de vous battre la coulpe comme vos églises vous l'ont demandé, mais admettez que Paris ne s'est pas construit en un seul jour.

Incarnation

Beaucoup d'entre vous prennent le problème de leur incarnation complètement à l'envers, puisqu'ils pensent que le bonheur n'est pas de ce monde. Ils passent leur vie à attendre des jours meilleurs dans un autre monde, alors que c'est sur cette belle planète que vous devez trouver la joie de vivre. Vous vous trouvez toujours à la meilleure place pour ce que vous vous êtes programmé en vous incarnant.

Inconscient

Faites très attention aux mots que vous utilisez. Ils reflètent toujours ce qui se cache dans votre inconscient. Penser positivement est bien, mais si votre inconscient pense que vous ne méritez pas ce que vous demandez, vous ne l'obtiendrez pas, car l'inconscient est toujours le plus fort… tant que vous ne l'avez pas reprogrammé. Pour qu'un événement arrive, il faut que conscient et inconscient tirent dans le même sens.

Indulgence

La Vie vous apporte des expériences qui se répètent tant que vous n'avez pas compris la leçon qui s'y rattache. Mais soyez indulgent aussi vis-à-vis de vous-même. Être trop exigeant veut dire que vous êtes dans l'orgueil et voulez faire mieux que quiconque. Admettez vos faiblesses. C'est à cause d'elles que Nous vous aimons.

Ingratitude

Vous êtes souvent bien ingrats. Vous Nous appelez lorsque vous êtes dans la détresse et l'adversité. Lorsque le cours de votre vie est redevenu plus calme, vous oubliez l'origine de votre mieux-être.

Innocence

Faites chacun votre travail sans
attendre rien de précis.
Soyez seulement.
Profitez de l'air, de l'eau, du soleil.
Calmez votre mental.
Soyez comme les petits enfants
qui profitent de chaque instant
sans penser au lendemain.
Soyez innocents et vous naîtrez
à nouveau.

Intellectuel

Les intellectuels de la spiritualité qui n'ont pas encore intégré dans leurs cellules le véritable sens du mot Amour, se laissent souvent emporter par leurs émotions et leurs passions. La spiritualité leur permet d'utiliser de belles paroles, mais dès qu'il y a un petit grain de sable dans les rouages, vous vous apercevez qu'ils n'ont pas intégré ces enseignements dont ils vous rabâchent pourtant les oreilles.

Intellectuel

Les intellectuels de la spiritualité croient tout connaître, mais en fait il leur manque une dimension énorme. Ils parlent de la Voie du Cœur sans vraiment savoir ce que cela veut dire. Ils parlent de l'Amour sans l'avoir pleinement expérimenté. Sachez que la phase de recherche livresque est indispensable, mais doit être dépassée. Ceux qui manquent de confiance en eux ont du mal à quitter cette phase.

Intuition

Lorsque vous suivez votre intuition, c'est-à-dire la première idée sur quelque chose, vous n'êtes pas déçu et vous avez fait le bon choix. Si vous revenez sur votre idée première, c'est alors votre mental qui s'est mis en marche. Laissez-vous guider, laissez passer votre intuition, votre ressenti et ainsi vous saurez où vos pas doivent vous porter.

J comme…

Jalousie

La jalousie, la possessivité sont des dérapages. Ce sont des sentiments qui vous montrent que vous n'aimez pas réellement l'autre, mais aussi que vous ne vous aimez pas vous-même. Vous êtes jaloux lorsque votre manque de confiance en vous et d'amour de vous-même, vous amène à penser que l'autre ne peut réellement vous aimer. Vous êtes tous deux face à face pour vous faire évoluer. Tel est le rôle des époux sur cette terre.

Jalousie

Jalousie et orgueil sont les sentiments les plus destructeurs pour vous-même et votre entourage. La jalousie est le principal motif de ragots, calomnies ou médisances. C'est la jalousie qui alimente les discordes familiales. C'est la jalousie qui amène les guerres.

Jeunesse

C'est par les jeunes que l'humanité sera amenée à changer. Ceux-ci sont malléables à toutes les influences bonnes ou mauvaises et les enseignants qui ont choisi de s'ouvrir à la spiritualité ont un rôle éminemment important à jouer. Quelles que soient les difficultés, il est demandé à ces enseignants de ne pas baisser les bras et ils auront en partie réussi leur incarnation s'ils osent être eux-mêmes, ce qui demande du courage.

Joie

La Joie est le meilleur des guérisseurs et c'est ce qui manque le plus autour de vous. Si des femmes comme Mère Térésa ont réussi tant de miracles autour d'elles, c'est parce qu'elles sont habitées par une grande joie intérieure. La Confiance en Nous doublée de la véritable Joie accomplit tout ce que vous appelez « miracles ». Lorsque vous prenez une décision juste, qui va dans le sens de votre destin, votre âme connaît la Joie.

Justice

Il ne peut y avoir une seule et même façon d'envisager un acte et c'est pourquoi sur cette terre, ce que vous appelez Justice ne peut en être qu'un simulacre, car aucun juge ne peut sonder véritablement le fond des cœurs. Vous mélangez toujours deux termes : constater est une chose. Juger, c'est en quelque sorte condamner. Constater, c'est admettre. Dans votre monde humain, il est dur d'admettre sans juger, donc, de ne pas condamner.

Justice

Nous ne sommes pas des juges intransigeants et implacables, mais au contraire des Êtres aimants et indulgents. Nous comprenons vos difficultés et Nous vous admirons d'avoir accepté de les vivre. Le châtiment divin est une invention pour vous maintenir sous la coupe de ceux qui l'ont inventé. La notion de karma mal comprise ne vaut pas mieux.

K comme...

Karma

Dans cette vie,. tout a sa raison d'être. Remerciez ceux qui vous aident, mais soyez aussi conscients qu'ils ont encore plus de remerciements à vous donner, car vous leur permettez de se libérer d'un karma négatif dont ils n'auraient pu se libérer s'ils n'avaient pas écouté leurs bons sentiments. Pour ceux qui possèdent fortune, il est parfois difficile de savoir aider à bon escient. La juste utilisation de l'argent est aussi un apprentissage sur la voie de l'évolution.

Karma

Sans les autres, vous ne pouvez évoluer et vous devez toujours les remercier, car ils sont les agents de votre karma. Plus ils vous mettent de bâtons dans les roues, plus ils semblent vouloir vous abattre, plus vous devriez les remercier, car c'est grâce à eux que vous devenez forts. N'oubliez pas aussi que vos enfants sont des agents de votre karma. Ils vous ont choisis en fonction de ce qu'ils ont à vivre, mais aussi de ce que vous avez à vivre.

L

comme…

Lâcher-prise

Le lâcher-prise, la confiance totale peuvent seuls vous apporter la joie de vivre, mais seule l'expérience personnelle peut vous faire apprécier cette façon d'être. Vous êtes seuls décideurs de votre vie. Votre âme sait ce qu'elle doit faire mais vous avez toujours votre libre arbitre, c'est-à-dire le droit d'écouter votre ressenti profond, ou vos peurs.

Larmes

Il vous faut comprendre le sens des larmes. Il y a des larmes de joie qui sont de courte durée ou juste quelques larmes qui perlent à vos yeux. Les autres larmes sont toujours là pour vous faire comprendre et admettre qu'il y a quelque chose qui cloche dans votre vie. Elles sont salvatrices car elles empêchent votre mal-être de se cristalliser en une autre partie de votre corps. Pleurer fait du bien. Et ceux qui disent de ne pas le faire sont de fieffés idiots.

Libre arbitre

Seules les grandes lignes de votre destin sont inéluctables. La façon d'y arriver peut toujours changer. C'est cela votre libre arbitre. Lorsque vous Nous interrogez, vous gardez la liberté de suivre ou de ne pas suivre Nos conseils. C'est à vous de juger s'ils vous concernent dans le moment présent, donc d'utiliser votre libre arbitre. Nous ne dirons jamais que vous faites bien ou mal, vous faites seulement ce que vous pouvez.

Loi

Le grand danger pour ceux qui connaissent les lois de l'Univers, est de les utiliser pour leur propre compte, ayant oublié que tôt ou tard, elles se retourneront contre eux. Si tout est en mémoire, l'homme, lui, a la mémoire courte lorsque son intérêt est en jeu et il pense toujours pouvoir éviter le retour des choses. Sachez aussi que contourner les lois de votre pays n'est pas correct. Vous avez choisi d'y vivre pour y apprendre une leçon.

Lumière

La Lumière ne peut que gagner sur l'ombre, même s'il vous semble que celle-ci est partout. Mais lorsque vous acceptez de travailler pour la Lumière, vous vous apercevez que Celle-ci gagne chaque jour du terrain. Vous êtes chacun une petite flamme disséminée à la surface de votre belle planète bleue et la réunion de ces petites flammes fait une grande Lumière. Soyez conscients que la Lumière jaillit toujours. Elle est toujours le grand vainqueur.

Lumière

Vous avez choisi de revenir une fois de plus sur cette belle planète pour continuer, pour peaufiner votre évolution. Peu à peu, ceux qui ont choisi de travailler pour et avec la Lumière se retrouvent. Vous êtes de la même grande famille. Vous êtes disséminés de part et d'autre des océans, mais aussi dans tout l'Univers, et vous savez tous que le grand message est l'Amour.

M comme…

Maître

Lorsque l'élève est prêt, le Maître arrive... mais le Maître n'est pas souvent celui que vous croyez. Le Maître peut être le mendiant rencontré dans la rue, votre voisin, votre enfant, ou une petite phrase que vous trouvez au détour d'une lecture. Votre Maître est peut-être ce voisin qui ne fait pas de bruit. Sur l'échelle de la spiritualité, vous ne trouvez pas ceux qui croient être au plus haut niveau. À l'arrivée, les surprises seront grandes.

Maladie

Il y a des microbes partout, des connus, des inconnus, mais bien que vous les côtoyiez tous, seuls ceux qui sont en déséquilibre immunitaire réagissent à leurs attaques. La maladie est là, soit pour manifester votre mal-être, soit pour vous faire réfléchir sur votre véritable condition humaine. La maladie n'est pas un échec, mais une expérience pour que certains comprennent et acceptent leur fonctionnement.

Maladie

Toute maladie peut disparaître dès que vous mettez en harmonie le corps, l'âme et l'esprit et cela peut se faire plus ou moins lentement selon les résistances qui sont les vôtres. Lorsque vous acceptez de voir clair en vous et que vous prenez les décisions qui s'imposent pour respecter votre plan de vie initial, alors ce que vous appelez « miracle » arrive.

Malin

Être sur Terre, quel que soit votre rôle, signifie qu'il y a encore une parcelle d'ombre à amener au grand jour, ou plutôt, de votre inconscient vers votre conscient. Et vous le savez, le premier est particulièrement malin pour vous cacher vos faiblesses. N'est-ce pas lui justement que l'on appelle le Malin ?

Mantra

Pour chasser une idée obsédante, rien de tel que de la remplacer par une autre, toujours la même, afin qu'elle devienne une sorte de réflexe. C'est le rôle des mantras ou des lita-nies dont on parle dans certains enseignements religieux. Peu à peu, elle prendra toute la place dans votre esprit et l'idée dérangeante ne pourra plus y entrer.

Méchanceté

Il faut admettre que la bonté n'est pas l'apanage de tous, mais il faut surtout comprendre que la méchanceté est l'apanage du jaloux et de l'envieux. Admettre que la méchanceté n'a que la force que vous voulez bien lui donner. L'homme méchant est un homme souffrant. Lorsque vous pensez qu'il n'y a que des méchants autour de vous, vous attirez sur votre route la méchanceté. Pensez à la gentillesse et vous la découvrirez sous vos pas.

Médiumnité

Vous êtes responsables de la qualité de votre médiumnité. Elle peut vous aider si vous captez des êtres positifs et lumineux comme elle peut vous entraîner vers le bas si vous écoutez des entités négatives. Vous seuls pouvez décider. Si vous faites appel à Nous et à la prière, la deuxième éventualité ne peut se produire. Être médium, ce n'est pas être différent. C'est seulement retrouver une qualité inhérente à votre condition d'être spirituel.

Médiumnité

La médiumnité est l'apanage de cette ère nouvelle et il faut la regarder comme un atout certain et non pas comme un handicap. Accepter ce que vous êtes dans votre intégralité est non seulement sagesse, mais intelligence. Vous venez au monde avec des acquis, des potentialités, il est stupide de vouloir les nier et de les rejeter. Il n'y a que chez les occidentaux que l'on observe cette attitude.

Médiumnité

Faites très attention aux médiums que vous fréquentez. Certains, de très bonne foi, retransmettent des messages alarmistes car ils ne savent pas qu'ils sont « branchés » sur des êtres de Notre Dimension qui y sont arrivés avec leurs propres peurs et qui, n'arrivant pas à s'en défaire, sont heureux de vous les faire partager. Arrêtez de croire que vous devenez tous des Saints et que vous avez la Connaissance dès que vous quittez la terre.

Mémoire

Depuis la Nuit des Temps, vous avez, tel un ordinateur, mis tout ce que vous avez vécu en mémoire dans vos disquettes personnelles, et, suivant la nécessité, telle ou telle information vous revient. Savoir si vous avez été Napoléon ou l'un de ses grognards importe peu. Soyez totalement conscients que les conditions de votre vie actuelle dépendent de vos vies passées et que vous avez choisi en celle-ci les meilleures conditions pour votre évolution.

Mensonge

Il vous est recommandé de ne pas mentir. Vos paroles doivent dire la vérité. Un *oui* doit vouloir dire *oui* et un *non* doit vouloir dire *non*. Ayez conscience de la valeur des mots que vous employez. Mais il faut aussi faire très attention à ne pas vous mentir à vous-même. Or ce sentiment est fréquent, car admettre ses faiblesses, petites ou grandes, est une chose très difficile. Vous êtes tous d'une extraordinaire indulgence vis-à-vis de vous-même.

Mental

Le mental humain est imbattable pour créer et inventer des histoires. Ceux qui désirent acquérir des pouvoirs qui les différencient des autres ont une imagination fertile. Il est inutile de leur dire qu'il s'agit de fantasmes tant ils sont convaincus de vivre ce qu'ils imaginent. C'est pour cela que certains enseignements disent de dépasser toutes ces manifestations, mais certains confondent dépassement avec rejet et méconnaissance.

Mental

Le mental est votre pire ennemi. Il ne faut pas le confondre avec votre capacité de raisonner. Celle-ci est à conserver, mais elle est souvent annihilée par toutes les peurs qui encombrent ce fameux mental. Lorsque vous arrivez à le déconnecter complètement, alors Nous pouvons accomplir ce que l'on nomme « miracles ». La peur est très mauvaise conseillère et votre mental est très rusé pour trouver tous les moyens possibles pour vous empêcher d'avancer.

Mérite

Lorsque vous êtes solitaire, il faut admettre que cela est parce que vous pensez ne pas mériter autre chose. Comment voulez-vous être aimé lorsque vous pensez ne pas le mériter ? Votre vie est le résultat de vos pensées à votre égard. Ce n'est que lorsque vous êtes com-plètement conscient de votre valeur que vous pouvez trouver et attirer l'être qui vous convient et que vous méritez.

Miracle

Prier ne sert à rien si vous restez immobile à attendre un hypothétique miracle. C'est uniquement lorsque vous prenez votre vie en main que Nous pouvons vous aider. Sans Amour, vous n'êtes rien. Sans Amour, vous ne pouvez rien. L'Amour est le grand pourvoyeur de miracles, et votre vie peut être un miracle perpétuel si vous osez Nous demander ce qu'il y a de meilleur et si vous admettez que vous le méritez.

Miracle

Les miracles n'existent pas dans le sens où vous les entendez habituellement. Un miracle est une transformation qui peut être subite ou qui vous paraît subite, alors qu'elle est le résultat d'une lente maturation, d'un lent travail intérieur. Les miracles peuvent être spontanés lorsque Nous avons besoin d'une manifestation pour faire changer de vie, et ceci affecte surtout ceux qui ont choisi de témoigner qu'il existe une autre vie.

Mystique

Dans l'esprit de beaucoup « mystique » veut dire : qui est perdu dans les nuages de la spiritualité, alors qu'au contraire les vrais mystiques ont toujours assumé des tâches matérielles et complètement intégré leur spiritualité dans la vie quotidienne. Il n'y a pas la spiritualité pour les uns et la vie matérielle pour les autres. L'une ne peut aller sans l'autre et la matérialité sans la spiritualité explique le mal-être de la plupart des humains.

N comme…

Nouveau

La peur du nouveau, la peur de l'inconnu est ce qui vous fait en permanence agir. Vous préférez rester dans une situation inconfortable, mais connue, que d'aller vers une situation inconnue. Votre mental vous empêche de comprendre que vous pouvez connaître quelque chose de mieux et de plus confortable. C'est toujours ce fameux mental qui vous empêche d'aller de l'avant.

O

comme…

Ombre

Il faut vous souvenir que tout a son contraire : le blanc, le noir ; le bien, le mal – ou plutôt le moins bien – car tout n'est pas tout blanc ou tout noir. Il y a aussi du bien à rencontrer l'ombre, à admettre l'ombre en soi. Il ne faut jamais croire que vous êtes tout blanc et l'autre tout noir.

Ombre

Les forces de l'ombre existent, mais seul Dieu est maître de la situation. Croire en Satan, c'est douter de la Toute-Puissance de Dieu et donner de la puissance aux forces de l'ombre. C'est leur donner une force qu'elles n'auront pas si vous ne les croyez pas toutes puissantes. Elles sont minables en face de l'Amour.

Orgueil

L’orgueilleux qui connaît les Lois de l’Univers croit souvent être devenu le maître du monde, mais gare pourtant au retour de l’Énergie, car celui-ci se manifeste toujours. Ce qui maintient les orgueilleux dans leurs croyances d’être les meilleurs et dans la juste voie, c’est que le retour ne se fait jamais à la même vitesse pour tous.

Orgueil

Tous vos semblables sont dignes d'Amour. Ne vouloir s'intéresser et n'aimer que les déshérités est une preuve soit d'orgueil, soit d'un besoin de pouvoir sur les autres, et même souvent, des deux à la fois. Les riches sont aussi dignes d'Amour, car croyez-Nous, leur richesse matérielle est aussi sur leur chemin pour les faire évoluer.

Oui

Lorsque vous dites Oui à la Vie, les événements arrivent en douceur. Lorsque vous ramez à contre-courant, les événements sont plus difficiles à vivre. Le Oui à la Vie rend léger et plein d'énergie. Le Oui apporte Joie, Gaîté, Bonheur. Le Oui, d'accord, mais pas n'importe lequel. Méfiez-vous de l'excès de patience, car il porte le nom d'apathie, et la patience en aucun cas ne doit vous faire admettre que l'on vous marche sur les pieds.

Oui

Les humains sont des êtres étranges. Nous pouvons vous dire que vous êtes les champions du « Oui, mais »... Vous croyez en Nous et en Nos capacités, c'est-à-dire dans les vôtres, uniquement lorsque cela vous arrange et ne dérange pas trop vos habitudes. Comment voulez-vous être heureux et réussir votre vie, lorsque vous êtes tiraillés entre le Oui et le Non ? Seul le Oui vous permet de suivre le courant de la Vie.

P

comme…

Paix

L'énergie guerrière dans l'action politique et révolutionnaire est nécessaire pour faire réagir les individus qui auraient trop tendance à se laisser aller à leur apathie et se résigneraient à un sort dont il leur est pourtant demandé de sortir. Mais l'énergie de la Paix est la meilleure, car elle est entièrement basée sur l'Amour. Les révolutions passent et les hommes sont toujours aussi malheureux, mais ce ne sont plus les mêmes qui le sont.

Pardon

Le pardon est ce qu'il y a de plus difficile à travailler, et il est très difficile de savoir si vraiment, au fond de vous-mêmes, vous avez réellement pardonné. Vous ne devez jamais mélanger oubli apparent et pardon. Vous pouvez très bien ne plus avoir de rancune, et pourtant ne pas avoir encore pardonné.

Pardon

Quels que soient vos actes passés, il faut apprendre à vous aimer et à vous pardonner, car seulement alors, vous pourrez être aimés et véritablement aimer à votre tour. Laver son âme des souvenirs des actions passées est tout à fait possible et complètement nécessaire pour pouvoir avancer. Votre Père Céleste est Amour, et Lui ne vous rejette jamais, quelle que soit votre soi-disant indignité.

Patience

La Patience est la plus belle des vertus. C'est elle qui vous permet de vous construire. Un édifice n'est solide que si les bases sont correctement construites. Il en est de même pour vous, vous devez être solidement ancrés dans vos racines. Nulle spiritualité ne peut être correctement vécue si elle ne s'appuie pas sur une vie concrète et matérielle. Vous ne pouvez que vous essouffler si vous n'acceptez pas de marcher à votre rythme.

Patience

Nous vous recommandons d'ap-prendre la Patience, et à ne régler qu'un seul problème à la fois. Vouloir tout régler en même temps ne peut mener qu'à la confusion. Et Nous vous recommandons de vous hâter sans aucune précipitation, car une trop grande hâte mène toujours à une catastrophe. Souvenez-vous qu'une maison construite trop vite n'a pas l'assise suffisante pour durer longtemps.

Pensée

La maîtrise de vos pensées est un travail primordial. Si vous désirez un peu plus d'Amour et de Justice sur votre pauvre Terre, il faut dès maintenant, sans les nier, arrêter de vous désoler des malheurs que vous voyez autour de vous, mais au contraire remercier et admirer les parcelles de beauté qui, ici et là, émergent de cet océan de boue. Car souvenez-vous que sans la boue, le lotus ne saurait s'épanouir.

Pensée

La pensée est créatrice. C'est vous-même qui déclenchez tout ce qui arrive en ce moment. La haine et la violence attirent la haine et la violence. Mais ne vous désespérez pas, les pensées d'Amour, de Bonté, de Compassion entraînent à leur tour Amour, Bonté et Compassion. Ne vous lassez pas. Plus vous serez nombreux en cette voie, plus vite sera atteint le seuil critique où l'Amour gagnera sur la haine, c'est-à-dire, le bien sur le mal.

Pensée

Il faut que le monde prenne conscience de l'influence de la pensée, pour qu'il puisse changer. La plus grande pollution est la pollution mentale, et vos radios et télévisions y contribuent grandement. Votre pensée est totalement créatrice. Par votre pensée, vous êtes totalement co-créateur et responsable de tout ce qui vous arrive, et par là même, de tout ce qui arrive à votre entourage, et Nous dirons, même à votre Planète.

Peur

La peur est la plus mauvaise des conseillères. Sous l'emprise de la peur, vous pouvez faire n'importe quoi. La peur peut entraîner la mort. L'Amour entraîne la vie. Lorsque vous avez peur de l'autre, c'est toujours de vous-même que vous avez peur. Mais il faut avoir expérimenté un sentiment pour apprécier son contraire. Il faut donc avoir aussi expérimenté la peur pour apprécier le calme et la sérénité.

Peur

Vous êtes tous à des phases différentes de votre apprentissage, car vous n'avez pas tous les mêmes lacunes à combler. Il vous semble souvent plus facile d'apprendre la leçon de votre voisin que la vôtre, mais vous ne pouvez juger et comprendre ses difficultés que lorsque vous avez compris les vôtres. Vous avancez tous à votre rythme, et vouloir que votre voisin aille plus vite est une aberration, car il réagit en fonction de ses propres peurs.

Peur

Quels conseils donner pour chasser vos peurs ?... Les analyser, les décortiquer, en prendre pleinement conscience. Vaincre ses peurs est le travail de toute une vie et celui qui dit être sans peur est un fieffé menteur. Il y a et il y aura toujours des peurs à gérer. Seulement vous voyez le chemin parcouru à la vitesse à laquelle vous retrouvez votre sérénité. La prière, la méditation, les pleurs même, vous aident à la retrouver.

Piège

Voir les auras et les chakras peut être un énorme piège qui entraîne ceux qui ont de telles manifestations à se croire arrivés au sommet, et, avec fausse modestie à ne plus vraiment se remettre en question. Un autre piège est celui de vouloir coûte que coûte le bien de ses semblables, ou ce que l'on croit être leur bien. Enfin, il peut se cacher deux grands pièges dans la façon d'utiliser le pouvoir et l'argent.

Plan Divin

Le Plan Divin est parfait. Tout se déroule toujours de façon à ce que les grandes lignes de votre destin puissent arriver, sauf lorsque vous refusez totalement de l'accomplir. Pour tous, le Plan Divin est parfait, mais Nous ne pouvons l'aider à se dérouler sans votre consentement. Vos peurs Nous empêchent d'agir. Les événements se mettent en place facilement lorsque vous ne bloquez pas avec votre mental et ses projections.

Plan Divin

Nous sommes, quand cela est nécessaire, spécialistes des retournements de situation et cela, toujours en dernière minute. C'est ce que vous appelez les miracles. Mais il y a encore peu de gens qui savent que rien n'est jamais perdu, et que ce qui peut vous paraître aujourd'hui une catastrophe n'est en fait sur votre route que pour vous faire rencontrer une meilleure fortune. Nous seuls connaissons le Plan Divin et ce qui vous convient le mieux.

Plan Divin

Tous ceux que vous retrouvez actuellement sur votre chemin ont déjà fait partie de vos proches ou moins proches. Vous avez tous choisi de revenir ensemble pour accomplir un travail commun. Vous êtes tous exactement à la place nécessaire pour le bon déroulement du Plan Divin. Vous avez tous un rôle important et vous êtes un rouage important de ce Plan. Ne pas accepter ce pourquoi vous êtes fait est une offense à ce Plan.

Plan Divin

Lorsque les événements ne se déroulent pas comme vous vous acharnez à vouloir qu'ils se déroulent, c'est qu'il n'entre pas dans le Plan Divin de les voir se dérouler comme vous l'espériez. C'est pourtant le B. A.-BA de votre apprentissage terrestre. Quand vous êtes sur la bonne voie, les événements se mettent en place tout seuls, c'est comme lorsque vous assemblez les pièces d'un puzzle.

Plan Divin

Lorsque vous avez la vue de l'aigle, chaque enchaînement vous émerveille et vous prenez réellement conscience de la parfaite organisation, du parfait ordonnancement du Plan Divin. Chaque être, chaque chose, chaque événement est toujours à sa juste place. L'admettre est la clef de la sagesse et du bonheur. Vous êtes à l'exacte place où vous devez être dans le moment présent pour le bon déroulement du Plan Divin.

Pollution

Si chacun d'entre vous fait un petit effort, il peut y avoir moins de pollution, moins de stress, moins de haine. La pollution n'est pas que physique. La pollution psychique invisible et mal connue est bien plus importante. Votre façon de penser et vos prières font beaucoup pour chasser cette pollution. Car les prières sont toujours efficaces, même si leur action n'est pas toujours visible dans l'immédiat.

Prédiction

Plus vous donnez de force à une prédiction, plus vous accélérez sa réalisation. Vous êtes maîtres de votre futur comme de celui de votre Planète... Faites attention à votre façon d'être par rapport à certaines prédictions alarmistes annonçant des catastrophes inéluctables et surtout à des dates précises concernant votre belle Planète. Ne pas y attacher d'importance peut en détourner l'arrivée.

Présent

Vivre dans le passé n'apporte rien. Être dans l'avenir non plus. C'est dans votre présent que vous préparez votre avenir. Apprécier le présent et les personnes qui vous entourent dans ce présent apporte le bonheur. Vivez dans le présent. Jour après jour. Acceptez, aimez ce qui est et vous découvrirez le plus bel avenir qui soit. Tous les enseignants spirituels vous recommandent de vivre dans le présent. Ici et Maintenant.

Proverbe

Il est dit « cherchez et vous trouverez », mais Nous ajouterons « n'attendez rien et tout arrivera ». Par contre, sans démarches, il ne se passera rien. Soyez sans amertume si une démarche ne fonctionne pas, la suivante apportera une meilleure opportunité.

Proverbe

« Tout arrive à qui sait attendre », mais à celui qui n'attend pas passivement. Voir ses peurs, se guérir de sa culpabilité, de l'auto-punition, sont les grandes priorités de votre vie.

Proverbe

Souvenez-vous de l'adage « Charité bien ordonnée commence par soi-même ». La sagesse populaire trouve ses racines dans la connaissance profonde des lois de l'Univers. Vous êtes tous responsables de votre vie. Vous avez tous choisi les meilleures conditions, en fonction des leçons que vous êtes venus apprendre, et la plupart d'entre vous êtes venus réapprendre l'amour de soi que vous confondez la plupart du temps avec l'égoïsme.

Psychothérapie

Faire une psychothérapie est souvent une bonne chose, mais revenir pendant des années sur des événements que vous ne pouvez maintenant vivre autrement, parce que passés, n'est pas une bonne chose en soi. Pardonnez-vous et remerciez d'avoir vécu ce que vous avez vécu. Le remerciement vous rend léger, c'est une vraie bouffée d'oxygène, et cela fait beaucoup de bien à vos cellules.

Q

comme…

Quête

La vie est jonchée de signes et la quête de ceux-ci est ce jeu qui vous permet de mieux la comprendre. Lorsque vous commencez à voir les signes qui jalonnent votre vie et à comprendre les coïncidences qui apparaissent dans celle-ci, vous devenez plus conscients de votre vrai travail sur cette belle Planète, c'est-à-dire votre travail personnel d'évolution.

R

comme…

Remerciement

Un conseil très important : N'oubliez jamais de remercier. Le Remerciement est la clef de la porte suivante. Sans lui, elle ne peut s'ouvrir. Émerveillez-vous des merveilles qui jonchent votre chemin et remerciez-Nous. Remerciez pour tout, absolument tout. Pour votre bonheur, mais aussi pour ce qui vous semble, sur l'instant, un malheur. Le remerciement vous apporte Joie et Sérénité.

Résistance

La résistance au changement est profondément ancrée en vous et le saut dans le vide n'est jamais votre fort. Pourtant, vous le savez, Nous sommes toujours là pour tendre le filet. Lorsque vous avez tout fait ou cru tout faire pour vous sortir d'une situation, il suffit d'abandonner toute résistance et de Nous confier votre sort, pour que tout bascule, et que la situation qui vous semblait bloquée bascule, elle aussi, dans un sens souvent tout à fait inattendu.

Responsabilité

Vous êtes l'artisan de votre vie. C'est uniquement en vous-même que se trouve la responsabilité de votre bien-être ou de votre mal-être. C'est votre mental qu'il faut calmer si vous désirez connaître Paix et Sérénité. Penser est certes nécessaire puisque c'est le propre de l'être humain, mais trop penser et surtout mal penser vous empêche d'avancer correctement dans la vie.

Responsabilité

Ne rejettez pas la faute de vos malheurs sur votre entourage. Vous êtes responsables de tout ce qui vous arrive. Vous devez absolument intégrer votre totale et entière responsabilité devant les événements, bons ou mauvais qui arrivent dans votre vie. Vous attirez tout, absolument tout ce qui vous arrive. Tant que vous rejettez la responsabilité de ce qui vous arrive sur les autres, sachez que vous n'avez pas encore atteint l'âge adulte.

Responsabilité

Les conseils ne servent à rien tant que vous ne voulez pas vous prendre en charge et comprendre que vous êtes responsables de votre vie. Lorsque vous pensez que tout ce qui vous arrive vient de votre manque de chance, c'est-à-dire des conditions extérieures, rien ni personne ne pourra vous aider. S'il y a des âmes qui semblent plus éprouvées que d'autres, n'oubliez pas que c'est ce qu'elles ont choisi de vivre avant de s'incarner.

S

comme…

Sacrifice

Vouloir rendre l'autre heureux coûte que coûte n'apporte jamais le bonheur, puisque c'est à lui de savoir décider s'il veut être heureux ou non. Le sacrifice de vos aspirations profondes ne peut vous rendre heureux et le bonheur véritable de vos proches passe par la réalisation de votre véritable Plan de vie.

Sagesse

Vivre l'instant présent sans se poser de questions sur l'avenir est la seule sagesse possible, ce qui ne veut pas dire qu'une telle philosophie vous empêche de faire des projets. Seulement chaque chose doit se faire en son temps. Dans la vie spirituelle, tout est donné à ceux qui n'attendent rien, mais qui, avec bonne volonté admettent être seuls responsables de leurs maux. Ne rien attendre est la vraie sagesse, car vous ne connaissez pas le Plan Divin.

Sexualité

Vous avez cru faire un grand pas en réclamant la liberté sexuelle, et vous n'avez obtenu qu'aliénation. Il va falloir que le monde revienne à de plus justes valeurs, et croyez bien que Nous ne prêchons pas pour l'abstinence comme vos églises cherchent maladroitement à le faire. Nous vous demandons seulement de retrouver le sens de votre responsabilité et du respect de cet acte tant galvaudé.

Sexualité

L'acte sexuel ne devrait être que l'aboutissement et l'engagement définitif, alors qu'actuellement vous l'avez déprécié au point de vous y adonner sans être sûr de votre désir d'engagement. La femme garde encore plus en mémoire que cet acte est sacré et beaucoup s'imaginent que le fait de se voir proposer des ébats amoureux est la preuve que l'homme, même s'il ne l'a pas exprimé, désire un engagement profond. Il y a un décalage certain.

Sexualité

Actuellement très peu de jeunes et de moins jeunes connaissent la portée réelle de l'acte sexuel. Les jeunes ne savent plus comment agir. Beaucoup tombent dans les bras du premier venu pour faire comme les autres, et de peur de ne pas avoir l'air normal si, à peine sortis de l'enfance, ils n'ont pas de relations sexuelles. À l'âge où ils devraient encore jouer à la marelle, ils se créent des soucis qu'ils ne sont pas capables de gérer.

Signe

Il vous semble que Nous sommes sourds à vos appels. Cela n'est pas. C'est vous qui êtes aveugles et ne voyez pas Nos signes. Pour retrouver la vue, plongez-vous dans un bain de calme et ne pensez plus à ce qui vous préoccupe. Lorsque vous hésitez à prendre une décision, il vous suffit de Nous appeler et Nous mettons sur votre route tous les signes vous permettant de savoir si vous allez emprunter la meilleure voie pour vous.

Solitude

Ce n'est que dans la solitude que vous pouvez entrer en communication avec votre être intérieur, c'est-à-dire avec Nous, vos Guides. La solitude est là pour vous permettre ensuite de replonger dans le monde avec davantage de force et de plaisir.

Spiritualité

La véritable spiritualité ne consiste pas en exercices compliqués, en méditations prolongées, en isolement particulier. Elle consiste à vivre en harmonie sur tous les plans et en particulier en ce monde physique. La spiritualité, c'est aussi la recherche de la beauté. Ne cherchez pas la beauté ailleurs, dans un monde lointain, mais plutôt à l'introduire là où vous vivez. Être en harmonie avec soi, entraîne le besoin d'un environnement harmonieux.

Spiritualité

Beaucoup d'humains, découvrant la spiritualité, deviennent de fameux casse-pieds tant ils se prennent au sérieux et pensent que les plaisirs de ce monde ne sont plus dignes d'eux. Il n'y a pas plus triste, vu de chez Nous, que ceux d'entre vous qui se prennent pour des Saints et n'osent plus rire et plaisanter. Un Saint triste est un triste Saint et vu de chez Nous, cela ne brille pas beaucoup.

Spiritualité

Vous n'osez encore parler de spiritualité qu'avec ceux que vous savez sur le même chemin que vous, alors que, dès que vous avez mis le pied sur ce chemin, vous devez en parler autour de vous. Nous ne vous demandons pas de faire du prosélytisme, ce qui aurait le résultat inverse de celui espéré, mais d'en parler en toute simplicité afin de faire comprendre à votre entourage ce qui vous aide à mieux vivre.

Spiritualité

La spiritualité peut n'être qu'une façade. Sans l'amour des autres, vous faites fausse route. Ceux qui font de la spiritualité mentale auront des surprises en arrivant dans Notre Dimension. Leur place ne sera pas forcément celle qu'ils attendent. Dans les temps actuels, Nous avons besoin de gens engagés corps et âme. Vous ne pouvez entrer dans la vie spirituelle, sans y aller à fond. Notre chemin est celui de la Confiance totale.

Spiritualité

La spiritualité n'est pas faite pour vous déconnecter de la vie courante. Au contraire, il vous est demandé de bien l'intégrer dans votre vie de tous les jours. Le message que Nous vous faisons parvenir de Notre Dimension est bien précis : vous ne pouvez vivre correctement votre spiritualité si elle n'est pas intégrée dans votre vie quotidienne, c'est-à-dire dans la matière.

T

comme…

Thérapie

Si vous doutez d'une thérapie, même si c'est la meilleure, il vaut mieux en changer. Mais rien ne sert non plus d'aller d'une thérapie à une autre sans attendre de résultats. La patience est aussi nécessaire. Vous avez tout en vous et Nous sommes là pour vous aider lorsque vous hésitez. Mais soyez sûrs que la valse-hésitation ne vaut rien pour votre guérison. Prenez une ligne de conduite et tenez-vous y.

Tolérance

Amour, Tolérance et Discernement sont les trois mots principaux à retenir. Le Discernement pour reconnaître ce qui vous convient. La Tolérance pour admettre que votre chemin n'est pas forcément celui de votre voisin. Et l'Amour parce qu'avec ce sentiment vous comprenez et admettez tout. L'Amour peut tout, même déplacer les montagnes, dit-on.

Transformation

La transformation n'est pas linéaire, mais plutôt saccadée. Parfois vous avez l'impression d'avancer très vite, puis de stagner. Ne vous impatientez pas. Quelques instants de repos sont nécessaires pour repartir d'un bon pied. Tout ce que vous faites consciemment est nécessaire pour votre transformation. Certes, la fréquentation des lieux énergétiquement forts, les exercices spirituels l'accélèrent, mais ne vous amènent pas de suite à l'Éveil.

Travail

Être totalement dans le travail du moment aide à l'accepter et permet de faire ce travail beaucoup plus vite qu'habituellement. Perdre du temps permet d'en gagner. Avant de démarrer votre journée en fonçant dans ce qui vous paraît le plus urgent, prenez l'habitude de rester quelques minutes dans le calme, seul avec vous-même, c'est-à-dire à Notre écoute. Vous verrez que ces minutes perdues vous ferons gagner du temps.

Travail

Beaucoup d'entre vous se croient sur la bonne voie parce qu'ils ne boivent pas exagérément, parce qu'ils ne se droguent pas, parce qu'ils ne font pas d'excès gastronomiques. Mais le travail peut être également une drogue. Combien d'entre vous foncent dans celui-ci pour oublier leur mal-être ? Le travail les empêche de prendre le temps de voir ce qu'ils ne veulent pas amener à la surface de leur conscient.

U

comme…

Univers

L'Univers est un ensemble de vibrations d'ondes à des taux vibratoires différents. La matière étant plus dense vibre plus lentement que les corps spirituels. Le but de la manœuvre en vous incarnant est de faire vibrer de plus en plus rapidement cette matière qui vous constitue, et ainsi, vous rapprocher davantage de la Lumière. Et lorsque vous aurez tous compris que vous êtes tous unis à tout l'Univers, l'Humanité sera sauvée.

V

comme…

Victime

Accepter le rôle de victime ne peut vous amener à l'épanouissement. La « victimite » est une maladie courante chez beaucoup de femmes dont le cœur est tout Amour. Elles ne peuvent concevoir qu'Amour puisse vouloir dire : Autorité, Force, Respect de soi. L'Amour, le vrai, ce n'est pas s'oublier totalement devant les besoins des autres. Pour donner vraiment aux autres, il faut commencer par s'aimer soi-même.

Vie

La vie sur Terre est faite de petits incidents qu'il vous faut gérer avec plus ou moins de stress. C'est l'Initiation au jour le jour. Après chaque incident, le temps nécessaire pour retrouver votre calme mesure votre degré de sérénité et de confiance en Nous, donc en vous. Cette vie est un merveilleux champ d'expériences où vous êtes venus dénouer les blocages qui vous empêchent d'avancer.

Vie

La vie se construit peu à peu, au fil des jours. Ce sont les difficultés qui vous font avancer sur votre chemin d'évolution. Ce qui peut paraître dans un premier temps comme un mal, débouche toujours sur un bien, mais faut-il encore l'admettre. Accepter la vie, telle qu'elle se présente, est un grand pas. Combattre l'impatience est nécessaire et indispensable à ceux qui veulent obtenir des résultats rapides.

Vie

Ne cherchez jamais à l'extérieur la cause des événements, mais à l'intérieur de vous-même. Si vous êtes complètement « clairs » et convaincus que la Source, ou si vous préférez, votre Père Céleste, désire pour vous un chemin de roses sans épines, alors la vie coulera toute douce pour vous, ce qui ne vous empêchera pas — et même au contraire — d'accomplir votre tâche d'aide aux autres et à l'humanité.

Vie

La Vie vous demande de vivre dans la vie ordinaire et de ne pas vous marginaliser. N'oubliez pas que c'est vous et vous seuls qui avez choisi de vous incarner en ce monde. Pour Nous, rien n'est plus beau que celui qui vit sa spiritualité au milieu des vicissitudes de la vie. Celle-ci est comme une mayonnaise. Si vous la ratez, il vous faudra la recommencer autant de fois que nécessaire pour la réussir.

Vie

Certains pensent que leur vie est trop ordinaire. C'est vous qui jugez votre vie et ne la trouvez pas intéressante, alors qu'à partir du moment où vous prenez conscience de la Vie, aucun moment de la vôtre ne devient inintéressant. Chaque rencontre est une histoire en soi et si vous savez regarder, vous ne pouvez qu'être émerveillés des coïncidences, des synchronicités qui la jalonnent.

Vie

Dans la vie, vous devez avant tout faire des choix, quitte à en changer si vous vous apercevez que ce ne sont pas les bons. Il vaut mieux se tromper en agissant qu'en ne faisant rien. La Vie est Mouvement. La Vie est Action. Seuls ceux qui agissent peuvent avancer. Les autres stagnent. Une trop grande prudence revient à rejoindre les rangs de ceux qui veulent le beurre et l'argent du beurre, et parfois aussi la crémière avec.

Vie antérieure

Tous ceux que vous côtoyez de près ou de loin ont déjà fait partie de vos vies passées, et vous avez tous ensemble à régler des situations émotionnelles, et souvent conflictuelles, que vous avez déjà vécues et souvent mal gérées. Lorsque vous souriez à un inconnu dans la rue, c'est peut-être tout simplement pour lui donner le sourire que vous lui avez refusé dans une autre vie. Mais se poser trop de questions sur ses vies passées n'est pas forcément bon.

Vigilance

La Vigilance est une qualité qui ne doit pas seulement s'appliquer à vos pensées. Elle doit s'appliquer aussi à tous vos actes. Vous devez être attentif à tout ce que vous faites. Aucun geste n'est anodin. Il est toujours plus facile de voir ce qui ne va pas dans son entourage que dans sa propre vie. Il vous faut d'abord faire le ménage devant votre porte. Il vous faut être très vigilant sur votre façon d'être et d'agir. C'est un exercice de tous les instants.

Voie

Les Voies du Seigneur sont toutes différentes, mais vous entraînent vers le même but, à condition d'admettre que la vôtre propre n'est ni l'unique, ni la meilleure. Quel que soit votre chemin spirituel, quelle que soit votre religion, si vous en avez une, le but ultime est pour vous tous de retrouver l'Union avec votre Père Céleste.

Voix

Ce que vous appelez votre « Petite Voix », n'est que l'expression de ce que Nous voulons vous faire comprendre avec plus ou moins de facilité. Nous vous conseillons de prendre des temps de repos dans votre quête. Arrêtez de courir de droite et de gauche, vers tel ou tel enseignement, et n'écoutez que votre « Petite Voix » qui est Notre Voix. Dans le brouhaha de votre mental, elle a beaucoup de mal à se faire entendre.

Le Mot de la Fin

Notre secrétaire n'est pas entièrement satisfaite de notre travail. Nous n'avons rien pu lui souffler pour les dernières lettres de votre alphabet. Pour Nous, ce n'est qu'un détail. Et surtout, elle trouve que Nous disons souvent la même chose. C'est tout juste si elle ne Nous qualifie pas de « vieux radoteurs ». Hélas!... Nous aimerions bien ne pas Nous répéter sans cesse. Nous sommes obligés de le faire tant vous avez la tête dure. Alors si vous ne comprenez pas d'une façon, Nous le redisons d'une autre. Et lorsque vous aurez bien compris que seul l'Amour compte sur cette Terre, alors Nous pourrons Nous taire... Ce n'est pas pour demain. Peut-être après-demain... Tout dépend de vous! En attendant, Nous vous conseillons de lire et relire ces petites phrases et surtout de les expérimenter. La théorie sans la pratique n'a aucun intérêt. Allez, Foi d'Anges, lancez-vous, et faites confiance à la Vie.

Les Anges

Achevé d'imprimer
sur papier recyclé
par Oudin Imprimeur - Poitiers
4e trimestre 2003

REMERCIEMENTS

Nous remercions tous les lecteurs et lectrices de *Secrétaire des Anges* qui par leurs témoignages nous ont encouragé à réaliser ce petit livre.
Nous remercions tout spécialement :

Jocelyne Chauvet
Kathy Ferré
Claude Perchat
Jean-Claude Buaud

qui ont participé à sa réalisation.

Que les Anges les bénissent !

LIV

par Les Éd

Nicole Dhuin :

- L'Arc en Ciel de Victorine
- Secrétaire des Anges

Hunbatz Men :

- Religion Science Maya

REMERCIEMENTS

Nous remercions tous les lecteurs et lectrices de *Secrétaire des Anges* qui par leurs témoignages nous ont encouragé à réaliser ce petit livre.
Nous remercions tout spécialement :

Jocelyne Chauvet
Kathy Ferré
Claude Perchat
Jean-Claude Buaud

qui ont participé à sa réalisation.

Que les Anges les bénissent !

LIVRES PUBLIÉS
par Les Éditions du 7

Nicole Dhuin :

- L'Arc en Ciel de Victorine
- Secrétaire des Anges

Hunbatz Men :

- Religion Science Maya

Achevé d'imprimer
sur papier recyclé
par Oudin Imprimeur - Poitiers
4e trimestre 2003